...schöne Unterrichtsmaterialien!

Birgit Kraft

Dinkel, Weizen & Co: Das Getreide

Eine Lernwerkstatt für Klasse 3–4

WERKSTATTLERNEN
SACHUNTERRICHT

Impressum

Copyright © 2014 Lernbiene Verlag GmbH
2. überarbeitete Auflage 2014
ISBN 978-3-95664-708-6

Die Nutzung und Verwertung der Materialien ist nur im Rahmen der vertraglich eingeräumten Rechte zulässig.

Titel:	Dinkel, Weizen & Co: Das Getreide
Inhalt:	Birgit Kraft
Illustration:	Anja Meyer, Eva Lelgemann
Fotos:	© Anatolii – Fotolia.com (Cover, Stationen 1 und 15),
	© Givaga – Fotolia.com (Cover, Stationen 1 und 15),
	© graefin75 – Fotolia.com (Cover, Stationen 1 und 15),
	© IrisArt – Fotolia.com (Cover, Stationen 1 und 15),
	© womue – Fotolia.com (Cover, Stationen 1 und 15),
	© Sergiy Bykhunenko – Fotolia.com (Cover),
	© Siegfried Schnepf - Fotolia.com (Stationen 1, 10 und 15),
	© sp4764 – Fotolia.com (Station 7), © X BEGUET – Fotolia.com (Station 7),
	© thongsee – Fotolia.com (Station 8)
Verlag:	Lernbiene Verlag GmbH
	Zarlachstraße 4
	82442 Saulgrub
	Tel.: 08845-757252
	Fax: 08845-757253
	http://www.lernbiene.de

Inhalt

Erläuterungen 4
Brot-Rezepte zum Selberbacken 7
Mini-Getreidekartei 9
Laufzettel 11
Auftragskarten 12

Stationen

Station 1 – Die häufigsten Getreidesorten 22
Station 2 – Teile einer Getreidepflanze 24
Station 3 – Wie lange baut man schon Getreide an? 25
Station 4 – So wächst eine Getreidepflanze 28
Station 5 – Verarbeitung: Vom Korn zum Brot 30
Station 6 – Ernte früher 31
Station 7 – Ernte heute 33
Station 8 – Der Reis 35
Station 9 – Der Mais 37
Station 10 – Wie der Mais nach Europa kam 38
Station 11 – Pseudogetreide 40
Station 12 – Fühlrätsel .... –*
Station 13 – Getreide-Kunst .... –*
Station 14 – Wir basteln ein Getreidebüchlein 41
Station 15 – Finde Paare! 42
Station 16 – Die bunte Getreide-Welt .... –*
Station 17 – Getreide als Energielieferant 44
Station 18 – Hier brauchst du Geduld! 46
Station 19 – Aufbau eines Getreidekorns 47
Station 20 – Vollkornmehl und weißes Mehl 48

Lösungen

Lösung Station 1 – Die häufigsten Getreidesorten 49
Lösung Station 2 – Teile einer Getreidepflanze 50
Lösung Station 3 – Wie lange verwendet man schon Getreide? 51
Lösung Station 4 – So wächst eine Getreidepflanze 52
Lösung Station 5 – Verarbeitung: Vom Korn zum Brot 53
Lösung Station 6 – Ernte früher 54
Lösung Station 7 – Ernte heute 56
Lösung Station 8 – Der Reis 57
Lösung Station 9 – Der Mais 59
Lösung Station 10 – Wie der Mais nach Europa kam 60
Station 12 – Fühlrätsel 61
Lösung Station 17 – Getreide als Energielieferant 62
Lösung Station 20 – Vollkornmehl und weißes Mehl 63

* Zu diesen Stationen enthält die Werkstatt lediglich die Auftragskarten, es werden keine separaten Arbeitsblätter für die Kinder benötigt.

Dinkel, Weizen & Co: Das Getreide
von Birgit Kraft
mit Illustrationen von Anja Meyer

Getreide wird seit Tausenden von Jahren von den Menschen als Nahrungsmittel genutzt. Schon im Jahr 8000 v.Chr. wurde im Nahen Osten Getreide angebaut. 5000 v.Chr. kam der Anbau von Getreide auch nach Europa. Zu Beginn bauten die Menschen Süßgräser an. Auch alle heutigen Getreidesorten gehören zu dieser Pflanzenfamilie. Ihr Ertrag ist aber wesentlich höher als bei ihren alten Verwandten. Heute gibt es kaum ein anderes Nahrungsmittel, das wir jeden Tag so oft verzehren und so vielseitig zubereiten wie Getreide. Sei es in Form von Müsli oder Frühstücksflocken, als Pausenbrot oder leckerer Muffin zwischendurch sowie als Pasta zum Mittagessen – für uns wäre ein Tag ohne Getreide kaum denkbar. In dieser Lernwerkstatt gehen die Schüler daher diesen Nutzpflanzen auf den Grund. Die Kinder werden mit vielen Sinnen erfahren, wie Getreide schmeckt, wie es sich anfühlt, wie es aussieht und interessante Informationen zu Anbau und Verwendung von Getreide erfahren. Sie lesen Texte, pflanzen eigenes Getreide an, schreiben, zeichnen und vieles mehr.

Es wird empfohlen, die Werkstatt durch den Besuch eines Bauernhofes vor Ort zu ergänzen. Häufig sind auf Bauernhöfen noch alte Geräte „versteckt". Interessant ist dann ein Vergleich mit den modernen Geräten der heutigen Landwirtschaft. Es wäre zudem sinnvoll, wenn die Kinder die Möglichkeit hätten, ein Getreidefeld „live" zu sehen und die Ähren anzufassen. Lohnenswert wäre außerdem der Besuch einer Bäckerei – vorausgesetzt natürlich, Sie finden eine Bäckerei, wo man noch „von Hand" backt. Von den Experten können die Kinder zum Beispiel erfahren: „Wie werden die verschiedenen Brote gebacken" oder „Welches Mehl nimmt man wofür?".

Erläuterungen zu den einzelnen Stationen und zusätzlich benötigte Materialien
Die Kinder sollten immer die Möglichkeit haben, Ähren und Körner der sechs in der Lernwerkstatt vorkommenden Getreidesorten anzusehen und anzufassen. Es handelt sich dabei um Weizen, Gerste, Roggen, Dinkel, Mais und Hafer.

Mini-Getreide-Kartei: Die Karteikarten werden laminiert und auseinandergeschnitten. Die Schüler können damit vor allem an der ersten Station arbeiten, sowie die Karten an allen anderen Stationen benutzen.

Station 1 – Die häufigsten Getreidesorten
Benötigte Materialien: Schere und Kleber

Station 3 – Wie lange baut man schon Getreide an?
Die Seite mit den Dominokarten für eine bessere Haltbarkeit laminieren und die Kärtchen anschließend auseinander schneiden.

Station 4 – So wächst eine Getreidepflanze
Benötigte Materialien: Schere und Kleber

Station 5 – Verarbeitung: Vom Korn zum Brot
Hier brauchen die Kinder genügend Platz, um mit den verschiedenen Werkzeugen arbeiten zu können. Benötigte Materialien: *Zum Bearbeiten der Körner:* großes Holzbrett, großer Stein, Nudelwalker, ein Glas. *Zum Unterscheiden der Produkte:* Mehl, Vollkornmehl, Grieß, Schrot, Haferflocken

Station 8 – Der Reis
Zur Differenzierung ist der Lückentext für schwächere Schüler mit einer Getreideähre, der Lückentext für stärkere Schüler mit zwei Getreideähren neben dem Stationstitel gekennzeichnet.

Station 9 – Der Mais
Benötigte Materialien: Buntstifte

Station 11 – Pseudogetreide
Um den Kindern diese drei Pseudogetreidearten zugänglicher zu machen, empfiehlt es sich, soweit möglich, alle drei in zubereiteter Form (also gekocht) zur Verfügung zu stellen, sodass jeder Schüler davon kosten kann. Benötigte Materialien: Buchweizen, Quinoa, Amarant (jeweils abgekocht in kleinen Schüsseln); kleine Löffel zum Probieren; alle drei Sorten roh in Schüsselchen zum Befühlen

Station 12 – Fühlrätsel
Das Blatt wird laminiert. Jeweils zwei Säckchen mit einer Getreidesorte füllen. Es soll genug Platz für eine Hand zum Fühlen bleiben. Alle Säckchen am besten in eine kleine Schachtel legen. Die Säckchen-Paare mit demselben Inhalt bekommen denselben farbigen Punkt (wie auch auf dem Lösungsblatt). Benötigte Materialien: zehn kleine blickdichte Säckchen, Körner von Mais, Weizen, Amarant, Hafer und Reis, farbige Klebepunkte in Rot, Gelb, Blau, Grün und Lila

Station 13 – Getreide-Kunst
Benötigte Materialien: leeres A4-Blatt, Kleber, verschiedene Getreidekörner

Station 14 – Wir basteln ein Getreide-Büchlein
Benötigte Materialien: leeres A4-Blatt, Schere, Körner von Roggen, Gerste, Mais, Hafer, Dinkel und Weizen

Station 15 – Finde Paare!
Die Karten für eine bessere Haltbarkeit laminieren und die Kärtchen anschließend auseinander schneiden.

Station 16 – Die bunte Getreide-Welt
Benötigte Materialien: leeres A3-Blatt, Kleber, Schere, verschiedene Zeitschriften, Werbung oder Prospekte, in denen Nahrungsmittel abgebildet sind, die zum Teil oder ganz aus Getreide hergestellt werden

Station 18 – Hier brauchst du Geduld!
An dieser Station pflanzen die Kinder selber Getreide in einem Eimer an. Pro Pflanze sollen jeweils zwei bis drei Schüler zuständig sein. Es wäre natürlich am besten, wenn die Eimer in der Klasse bleiben könnten, sodass die Kinder immer nachschauen können, was sich tut. Ist das nicht möglich, sollten die Eimer an einem frei zugänglichen Ort aufgestellt werden, oder die Schüler sollten wenigstens zweimal in der Woche (auch zum Gießen) nachschauen dürfen, wie sich ihre Pflanzen entwickeln, und diese gießen. Benötigte Materialien: für jede Kleingruppe jeweils Eimer, Erde, verschiedene Getreidekörner, Wasser, Klebeetiketten (für die Namen der Kinder)

Station 19 – Aufbau eines Getreidekorns
Beim Schneiden des Korns sollten die Kinder nicht unbeaufsichtigt sein, damit sich kein Kind mit dem Messer verletzt. Benötigte Materialien: Schneidebrett, scharfes Messer, Getreidekörner (Weizen oder Gerste) in Klassenstärke

Station 20 – Vollkornmehl und weißes Mehl
Um den Unterschied von weißem Mehl und Vollkornmehl für die Kinder greifbarer zu machen, wäre es sehr gut, die beiden Sorten zum Probieren bereitzustellen. In dieser Werkstatt finden Sie zwei Brotrezepte. Für ein Brot wird Vollkornmehl verwendet, für das andere weißes Mehl. Ist die Möglichkeit vorhanden, mit den Schülern in der Schule beide Brote zu backen, wäre das eine ideale Ergänzung zu dieser Station. Ansonsten könnten Sie die Brote zu Hause vorbereiten und den Schülern zum Probieren – vielleicht mit einem leckeren Aufstrich – mitbringen. Benötigte Materialien: zwei Schüsselchen, eines gefüllt mit weißem Mehl, das andere mit Vollkornmehl, kleine Löffel zum Probieren des Mehls.

Wir wünschen Ihnen viel Freude mit dieser Werkstatt!

Dinkel-Weizen-Vollkornbrot

Zutaten:

600 g	Dinkelmehl (Vollkornmehl)	450 ml	Wasser (lauwarmes)
100 g	Weizenmehl (Vollkornmehl)	20 g	Trockenhefe (2x10 g Beutel)
50 g	Weizenmehl, Typ 550	150 g	Sonnenblumenkerne (geschält, ungesalzen)
20 g	Meersalz	150 g	Natursauerteig (flüssig)
2 TL	Honig (oder Zucker)	1 TL	Brotgewürzmischung (gemahlen, z. B. Fenchel, Anis, Kümmel, Koriandersamen)

Zubereitung:

Arbeitszeit: ca. 20 Min.

Backzeit: ca. 1 Stunde

Ruhezeit: ca. 1 Stunde 20 Minuten

Alle Zutaten sollten Zimmertemperatur haben. Alle Zutaten abwiegen.

Hefe mit Honig oder Zucker in 450 ml lauwarmem Wasser auflösen und ca. 15–20 Minuten an einem warmen Ort gehen lassen.

Alle Mehle mit dem Salz und dem Gewürz in einer Schüssel mischen. Sauerteig und die Hefe in die Mehlschüssel geben und alles zu einem festen Teig verkneten. Teig an einem warmen Ort 20 Minuten gehen lassen.

Die Sonnenblumenkerne mit den Händen in den Teig kneten. Dabei immer den Teigrand in die Mitte schlagen und kneten und das Brot nicht umdrehen. Den Teig in eine ovale Form bringen und auf einem Backblech mit Backpapier mit der glatten Seite oben gehen lassen, bis sich das Volumen verdoppelt hat.

Ofen mit Ober-Unterhitze auf 220 Grad vorheizen.

Das Brot mit Salzwasser bestreichen und im Ofen 15 Minuten backen. Dann auf 180 Grad zurückschalten und mit einem Wassersprüher 2–3 Mal in den Ofen sprühen. Weitere 45 Minuten backen.

Aus dem Ofen nehmen und auf einem Rost auskühlen lassen. Nach einer Stunde kann man das Brot anschneiden. In einem Plastikbeutel verpackt hält das Brot mindestens 5 Tage.

Lecker-Schmecker-Brot

Zutaten:

650 g	Mehl (Weizenmehl Type 405)
350 g	Mehl (Weizenmehl Type 1050, dunkel)
1 Würfel	Hefe
1 EL	Salz
650 ml	Wasser, lauwarm

Zubereitung:

Arbeitszeit: ca. 20 Min.
Backzeit: ca. 1 Stunde
Ruhezeit: ca. 1 Stunde 20 Minuten

Mehle vermischen, eine Kuhle formen und die Hefe hineinbröseln. Salz außen am Rand verteilen. Ca. 500 ml lauwarmes Wasser über die Hefe gießen, rühren und dann kräftig kneten. Nach und nach das restliche Wasser zugeben. Der Teig darf nicht kleben. Ist er zu klebrig, einfach noch etwas Mehl zugeben.
Den Teig eine Stunde gehen lassen.
Auf einem bemehlten Küchentuch einen Laib daraus formen.
Ofen auf 225 Grad vorheizen. Den Laib auf ein mit Backpapier ausgelegtes Backblech geben und 30 Minuten bei 225 Grad backen, dann Temperatur auf 175 Grad reduzieren und weitere 30 Minuten backen.

Mini-Getreidekartei (1)

Name: Weizen

Merkmale: Keine Grannen (= „Haare"). Drei Arten von Weizen: Hartweizen, Gemeiner Weizen und Dinkel.

Anbau: Kann vor dem Winter (= Winterweizen) oder im Frühling (= Sommerweizen) angebaut werden.
Die kleine Weizenpflanze verträgt Frost bis -20°.

Verwendung: Hartweizen wird meistens zur Herstellung von Nudeln, für Weizenkeimöl oder als Stärke verwendet. Gemeiner Weizen wird zum Backen verwendet. Herstellung von Hartweizengrieß.

Name: Gerste

Merkmale: 15 cm lange Grannen (= „Haare").

Anbau: Kann wie Weizen vor dem Winter (= Wintergerste) und im Frühling (= Sommergerste) angebaut werden. Die Ernte der Wintergerste ist höher als die der Sommergerste. Selbstbefruchter (muss nicht von Insekten befruchtet werden).

Verwendung: Meist als Schweinefutter, wichtiger Bestandteil von Bier (Braugerste). Verarbeitung zu Malzkaffee und Grieß.

Name: Roggen

Merkmale: Lange, gebogene Ähren mit Grannen (= „Haare"). Pflanze wirkt vor der Reife grün bis blau. Unempfindlich gegen Schädlinge und Krankheiten, deshalb nur geringer Einsatz von Spritzmitteln nötig.

Anbau: Wird nur im Frühjahr angebaut.

Verwendung: Hauptsächlich als Brotgetreide. Brot aus Roggenmehl ist sehr lange haltbar (Schwarzbrot, Pumpernickel). Roggenmalz wird auch zur Bierherstellung verwendet.

Mini-Getreidekartei (2)

Name: Dinkel, Verwandter des heutigen Weizens

Merkmale: Lange, gebogene Ähren ohne Grannen.

Anbau: Kann mehrere Jahre hintereinander auf derselben Fläche angebaut werden. Robust gegenüber Schädlingen und Krankheiten. Neigt wegen der langen Halme zum Lagern (liegt auf dem Boden).

Verwendung: Mehl zum Brotbacken und zur Herstellung von Spätzle. Grünkern (= vor der Reife geerntete Körner) wird unter anderem zu Bratlingen weiterverarbeitet.

Name: Mais

Merkmale: Höhe 1,5 bis 2,5 m. Frucht besteht aus Kolben mit den Maiskörnern daran.

Anbau: Wird bis Ende April gesät und braucht zum Keimen Temperaturen über 8 Grad Celsius.

Verwendung: Silomais (= Viehfutter), als Körnermais ebenfalls für Tierfutter oder für Speisestärke, oder als Zuckermais (Gemüsemais). Als Lebensmittel für Popcorn und Cornflakes. Auch Biotreibstoff und Biogas werden aus Mais hergestellt (Energiemais).

Name: Hafer

Merkmale: Körner wachsen an Rispen, nicht an Ähren. Rispen sind bis zu 30 cm lang.

Anbau: Wird im Frühjahr ausgesät. Getreideschädlinge vermehren sich im Hafer nicht, gilt deshalb als „Gesundungsfrucht". Wächst am besten, wenn es nicht zu warm oder zu kalt ist und wenn es viel regnet.

Verwendung: Ohne die Schale werden die Haferkörner zu Haferflocken verarbeitet, außerdem zu Hafergrütze und Hafermehl. Wichtige Bedeutung für die Schon- und Diätkost.

Laufzettel

Name: _____

Station	erledigt	Unterschrift
Station 1 – Die häufigsten Getreidesorten		
Station 2 – Teile einer Getreidepflanze		
Station 3 – Wie lange baut man schon Getreide an?		
Station 4 – So wächst eine Getreidepflanze		
Station 5 – Verarbeitung: Vom Korn zum Brot		
Station 6 – Ernte früher		
Station 7 – Ernte heute		
Station 8 – Der Reis		
Station 9 – Der Mais		
Station 10 – Wie der Mais nach Europa kam		
Station 11 – Pseudogetreide		
Station 12 – Fühlrätsel		
Station 13 – Getreide-Kunst		
Station 14 – Wir basteln ein Getreidebüchlein		
Station 15 – Finde Paare!		
Station 16 – Die bunte Getreide-Welt		
Station 17 – Getreide als Energielieferant		
Station 18 – Hier brauchst du Geduld!		
Station 19 – Aufbau eines Getreidekorns		
Station 20 – Vollkornmehl und weißes Mehl		

Station 1 – Die häufigsten Getreidesorten

So geht es:

1. Schneide alle Bilder- und Textkärtchen aus.
2. Ordne die Bilder den passenden Texten zu.
3. Kontrolliere mit dem Lösungsblatt.
4. Klebe alles auf.

Station 2 – Teile einer Getreidepflanze

So geht es:

1. Trage die Teile der Getreidepflanze in die richtigen Kästchen ein.
2. Kontrolliere mit dem Lösungsblatt.

Station 3 – Wie lange baut man schon Getreide an?

So geht es:

1. Suche dir einen Partner.
2. Legt die passenden Dominokarten zusammen. Die Karten sollen Sätze ergeben.
3. Lest euch den Text gut durch.
4. Beantwortet die Fragen auf dem Stationsblatt.
5. Kontrolliert mit dem Lösungsblatt.

Station 4 – So wächst eine Getreidepflanze

So geht es:

1. Schneide alle Bilder und Textkärtchen aus.
2. Ordne die Bilder in der Reihenfolge, wie die Pflanze wächst.
3. Lege die Textkärtchen passend zu jedem Bild.
4. Kontrolliere mit dem Lösungsblatt.
5. Klebe alles auf.

Station 5 – Verarbeitung: Vom Korn zum Brot

So geht es:

1. Versuche mit den Hilfsmitteln, die dir zur Verfügung stehen, selbst Mehl aus den Körnern zu machen.
2. Beantworte die Fragen auf dem Stationsblatt.
3. Fühle die Unterschiede zwischen den Produkten und unterstreiche auf dem Stationsblatt, welches sich feiner anfühlt.

Station 6 – Ernte früher

So geht es:

1. Welche Bilder passen zu den Texten? Verbinde sie mit Pfeilen.
2. Löse danach das Kreuzworträtsel auf dem zweiten Stationsblatt.
3. Kontrolliere mit den Lösungsblättern.

Station 7 – Ernte heute

So geht es:

1. Lies dir den Text genau durch.
2. Beantworte die Fragen auf dem zweiten Blatt.
3. Kontrolliere mit dem Lösungsblatt.

Station 8 – Der Reis

So geht es:

1. Füge die richtigen Wörter in die Lücken des Textes ein.
2. Kontrolliere mit dem Lösungsblatt.

Station 9 – Der Mais

So geht es:

1. Beschrifte die Teile der Maispflanze richtig.
2. Finde heraus, welche Maisprodukte wir essen.
   Setze dazu die Silben aus der Tabelle richtig zusammen.
3. Male alle Silben, die ein Wort ergeben, in derselben Farbe an.
4. Schreibe jedes gefundene Wort in ein Kästchen.
5. Kontrolliere mit dem Lösungsblatt.

Station 10 – Wie der Mais nach Europa kam

So geht es:

1. Lies dir den Text auf dem Stationsblatt gut durch.
2. Lies die Sätze auf dem zweiten Stationsblatt.
   Kreuze an, ob die Sätze richtig oder falsch sind.
3. Kontrolliere mit dem Lösungsblatt

Station 11 – Pseudogetreide

So geht es:

1. Schau dir die drei Getreidesorten genau an.
2. Du darfst sie anfassen und probieren. Lege sie dann aber nicht mehr zurück in die Schale, (auch wenn sie dir nicht schmecken!).
3. Fülle das Stationsblatt aus.

Station 12 – Fühlrätsel

So geht es:

1. Es gibt immer zwei Säckchen, in denen dasselbe Getreide ist. Greife in ein Säckchen und fühle.
2. Taste in den anderen Säckchen, bis du dasselbe Getreide nochmal findest.
3. Mache es mit allen Säckchen so.
4. Kontrolliere mit den Farbpunkten auf dem Säckchen.
5. Schau auf dem Lösungsblatt nach, um welche Getreidesorten es sich handelt.

Station 13 – Getreide-Kunst

So geht es:

1. Nimm dir ein Blatt und verschiedene Getreide-Körner.
2. Überlege dir ein Motiv für dein Bild. Das kann eine große Blume oder ein Mandala sein.
3. Klebe die Körner auf. S
4. ie sind jetzt deine Farben, mit denen du dein Bild gestaltest.

Station 14 – Wir basteln ein Getreidebüchlein

So geht es:

1. Gestalte dein eigenes Getreidebüchlein.
2. Wie das geht, erfährst du auf dem Stationsblatt.

Station 15 – Finde Paare!

So geht es:

1. Such dir mindestens einen Partner. Mischt die Karten gut durch und legt alle Karten verdeckt vor euch hin.
2. Nach der Reihe dreht jeder zwei Kärtchen um. Auf einer Karte ist ein Bild, auf der anderen das passende Wort dazu. Finde die zusammengehörigen Karten. Wer ein Pärchen gefunden hat, kommt gleich nochmal an die Reihe.
3. Wer zum Schluss die meisten Paare hat, gewinnt.

Station 16 – Die bunte Getreide-Welt

So geht es:

1. Suche dir zwei Mitschüler.
2. Nehmt euch Zeitschriften und schneidet Produkte aus, die aus Getreide hergestellt werden.
3. Gestaltet damit ein Blatt.
4. Beschriftet eure Collagen.

Station 17 – Getreide als Energielieferant

So geht es:

1. Lies dir den Text auf dem zweiten Blatt durch.
2. Schreibe die fett gedruckten Wörter an die richtigen Stellen der Zeichnung auf dem ersten Stationsblatt.
3. Kontrolliere mit dem Lösungsblatt.

Station 18 – Hier brauchst du Geduld!

So geht es:

1. Arbeitet zu zweit oder zu dritt.
2. Nehmt euch einen Eimer, Erde und Körner. Füllt den Eimer zu drei Viertel mit Erde. Verteilt die Körner darauf und drückt sie leicht an. Bedeckt sie mit Erde.
3. Gießt die Pflanzen sofort und regelmäßig.
4. Beobachtet nun über mehrere Wochen wie das Getreide wächst. Schreibt eure Beobachtungen auf.

Station 19 – Aufbau eines Getreidekorns

So geht es:

1. Betrachte das Getreidekorn ganz genau.
2. Wie sieht es aus? Wie ist seine Farbe?
3. Zeichne es so genau wie möglich in den ersten Kasten.
4. Schneide das Korn auseinander.
5. Wie sieht es innen aus?
6. Male in den zweiten Kasten das Innere des Korns.

Station 20 – Vollkornmehl und weißes Mehl

So geht es:

1. Lies dir den Text durch.
2. Trage die fett gedruckten Wörter in die Kästchen der Zeichnung ein.
3. Kontrolliere mit dem Lösungsblatt.
4. Sieh dir Vollkornmehl und Weizenmehl an. Du kannst es auch probieren.

Station 1 – Die häufigsten Getreidesorten (1)

	Weizen hat keine Haare und eine volle Ähre.
	Hafer hat einen Stängel, an dem viele kleine Stängel mit einzelnen Körnern sind. Den oberen Teil der Pflanze mit den Körnern nennt man Haferrispe.
	Die Frucht von Mais heißt Maiskolben. Die Körner sind gelb und sind umgeben von grünen Blättern, die später braun und welk werden. An der Spitze des Maiskolbens finden sich „Haare".
	Der Roggen hat eine lange, gebogene Ähre mit langen Grannen. Die Körner sind länglich.
	Dinkel hat eine lange, gebogene Ähre ohne Grannen.
	Die Gerstenähre ist eher kurz mit langen Grannen.

Station 1 – Die häufigsten Getreidesorten (2)

Station 2 – Teile einer Getreidepflanze

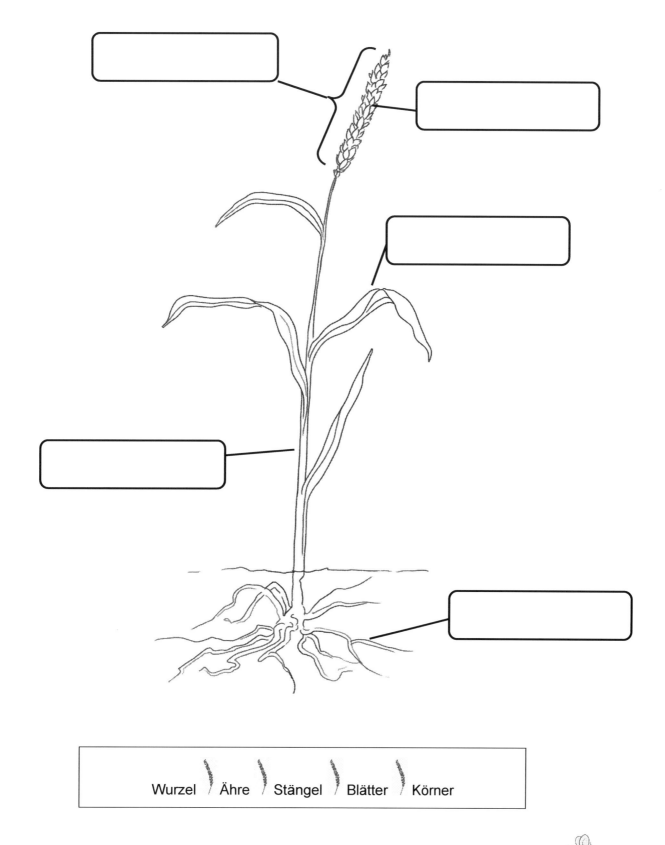

Wurzel / Ähre / Stängel / Blätter / Körner

Station 3 – Wie lange baut man schon Getreide an? (1)

Start	In Ägypten wird seit ungefähr	12.000 Jahren Getreide angebaut.	In Europa wird seit ungefähr
6.500 Jahren Getreide angebaut.	Damals wurden die Menschen	sesshaft.	Das heißt, dass sie
an einem Ort blieben.	Das lag auch am Getreide, weil	es so lange haltbar war.	Getreidepflanzen sind eigentlich
Wildgräser.	Sie wurden von den Menschen	kultiviert.	Sie wurden also in größeren
Mengen angebaut. Es entstanden	Getreidearten wie	Gerste, Hafer, Weizen oder Reis.	Zuerst weichte man die Körner

Station 3 – Wie lange baut man schon Getreide an? (2)

in Wasser ein.	Daraus entstand Brei,	der noch heute so gegessen wird.	Später wurde daraus
Fladenbrot gebacken. Es wurde schnell hart.	Man konnte es nur essen,	wenn es noch warm war.	Durch Zufall entdeckte man den
Sauerteig.	Das Brot war nun lockerer und	schmeckte säuerlich.	Das Sauerteigbrot gelangte nach
Rom, wo viele Bäckereien entstanden.	Die Römer konnten bis zu	30 Tonnen Getreide am Tag verarbeiten.	Getreide wurde lange Zeit als
Zahlungsmittel genutzt.	Bis 1850 wurden Hirten, Schmiede und	Fuhrleute mit Getreide bezahlt.	Ende

Station 3 – Wie lange baut man schon Getreide an? (3)

Wie lange wird in Ägypten schon Getreide angebaut?
_____

Vor wie vielen Jahren wurden die Menschen sesshaft?
_____

Was bedeutet das?
_____

Getreidepflanzen sind eigentlich _____.

Welche Sorten sind durch die Kultivierung entstanden?
_____

Wie wurde das Getreide zuerst gegessen?
_____

Was wurde später daraus gebacken?
_____

Wie schmeckt Sauerteigbrot?
_____

Wie wurde es entdeckt?
_____

Wo entstanden viele Bäckereien?
_____

Wie viele Tonnen Getreide konnten die Römer am Tag verarbeiten?
_____

Wozu wurde Getreide lange Zeit genutzt?
_____

Wer wurde bis zum Jahr 1850 mit Getreide bezahlt?
_____

Station 4 – So wächst eine Getreidepflanze (1)

	Hier kannst du schon eine richtige Getreidepflanze sehen. Die Blätter sind mittlerweile grün geworden und auch die Wurzeln sind fleißig gewachsen. Du siehst, dass sie eher in die Breite wachsen als in die Tiefe.
	Bald durchstößt der Keimling den Boden und kommt ans Licht. Unten kannst du schon kleine Wurzeln sehen. Sie werden die Pflanze mit den nötigen Nährstoffen versorgen.
	Zuletzt kannst du eine ausgewachsene Getreidepflanze sehen. Es handelt sich hier um Weizen. Wenn du dir die Pflanze von unten nach oben ansiehst, hat sie folgende Teile: **Wurzel, Stängel, Blätter, Ähre und Körner**.
	Langsam beginnt das Korn zu keimen. Die Pflanze wächst in zwei Richtungen: nach oben und nach unten.
	Hier kannst du ein Getreidekorn sehen. Es gibt noch keinen Keimling außerhalb des Korns.

Station 4 – So wächst eine Getreidepflanze (2)

Station 5 – Verarbeitung: Vom Korn zum Brot

Nach der Ernte wird das Getreidekorn gereinigt und Fremdkörper wie Strohteile, Erde, Staub und Steine werden maschinell entfernt. In den Mühlen werden die Körner von großen Walzen zerkleinert und anschließend gesiebt. Hier kannst du nun das Mahlen von Mehl selber ausprobieren und verschiedene Mehlprodukte testen.

Welches Hilfsmittel funktioniert am besten zum Mahlen von Getreide?
_____

Welches hat überhaupt nicht funktioniert?
_____

Welches Produkt fühlt sich für dich am besten an?
_____

Vergleiche und unterstreiche! Was fühlt sich feiner an?

Grieß – Vollkornmehl

Mehl – Schrot

Schrot – Haferflocken

Grieß – Schrot

Vollkornmehl – Haferflocken

Mehl – Grieß

Welches Produkt hast du noch nie probiert?
_____

Station 6 – Ernte früher (1)

Die Frauen (oft auch Kinder) hoben die Ähren auf und machten daraus Bündel, die Garben genannt werden. Die Garben wurden zum Trocknen aufgestellt.

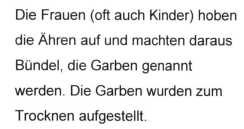

Die Männer mähten mit der Sense die Getreidehalme mit den Ähren ab. Das war eine sehr harte Arbeit.

Wenn die Ähren trocken waren, wurden die Garben wieder gelöst. Die Männer droschen das Getreide mit Dreschflegeln aus den Ähren.

Die herausgefallenen Körner wurden zum Müller gebracht, der Mehl daraus mahlte. Die leeren Ähren wurden im Stall zum Einstreuen der Kühe verwendet.

Später wurden sie auf einen Pferdeanhänger geladen und zum Bauernhof gefahren. Dort wurden sie in Scheunen oft bis zum Winter gelagert.

Station 6 – Ernte früher (2)

In diesem Kreuzworträtsel geht es ebenfalls darum, wie man früher Getreide geerntet hat.

1. Hiermit wurden die getrockneten Ähren zum Bauernhof transportiert.

2. Wer mahlte aus den Getreidekörnern das Mehl?

3. Mit diesem Werkzeug schnitt der Bauer die Halme mit den Ähren ab.

4. Wie nennt man die Getreidebündel, die zum Trocknen aufgestellt wurden?

5. Was verwendete man zum Dreschen des Getreides?

Station 7 – Ernte heute (1)

Vielleicht hast du schon die großen Erntemaschinen gesehen, die im Sommer und Herbst herumfahren. Sie heißen Mähdrescher. Diese schneiden zuerst die Getreidehalme dicht über dem Boden ab. Im Inneren des Mähdreschers werden dann die Körner aus den Ähren gedroschen und diese gelangen in einen Tank, der sich auch im Inneren des Mähdreschers befindet. Wenn der Tank voll ist, fährt ein Traktor mit Anhänger neben den Mähdrescher, um die Körner im Anhänger aufzunehmen und wegzubringen.

Die Getreidekörner verwendet der Landwirt als Tierfutter oder er verkauft sie.

Die leeren Ähren mit den Halmen heißen Stroh und fallen hinter dem Mähdrescher auf den Boden. Später kommt eine andere Maschine (der Ballenpresser), die das Stroh wieder aufsammelt und direkt auf dem Feld zu Ballen verarbeitet. Strohballen gibt es in unterschiedlichen Formen. Früher waren sie etwas kleiner und rechteckig, heute formen die Maschinen häufig große, runde Strohballen. Die Rundballen werden dann oft noch in Folie verpackt und zum Bauernhof gebracht. Dort werden sie bis zur Verwendung gelagert.

Eine andere Möglichkeit ist, dass der Landwirt selbst mit einem Traktor und einem Erntewagen kommt und das Stroh auflädt. Bei dieser Methode, die vor allem früher häufig angewendet wurde, wird das Stroh anschließend zum Bauernhof gefahren, zerkleinert und mit einem Gebläse auf den Heuboden geblasen. Dabei ist wichtig, dass das Stroh trocken ist, denn sonst kann es auf dem Heuboden zu schimmeln anfangen.

Trotz der Maschinen ist die Erntezeit auch heute noch – genau wie früher – eine sehr anstrengende und wichtige Zeit im Jahr für die Landwirte. Auch heutzutage ist das Wetter bei der Ernte immer noch sehr wichtig. Sind die Körner nämlich durch Regen zu feucht, müssen sie erst zum Trocknen gebracht werden. Und dies möchte jeder Landwirt möglichst vermeiden.

Station 7 – Ernte heute (2)

1. Womit wird heute das Getreide gedroschen? _____

2. Was passiert mit den Körnern?
   _____

3. Was passiert mit dem Stroh?

   a) _____

   b) _____

4. Nenne drei Maschinen, die bei der Ernte unbedingt gebraucht werden:
   _____

5. Wie heißen die leeren Ähren mit den Halmen?
   _____

6. Wo lagert der Landwirt das Stroh häufig? _____

7. Was kann passieren, wenn das Stroh nicht ganz trocken ist?
   _____

8. Was muss mit den Körnern gemacht werden, wenn sie zu feucht sind?
   _____

Station 8 – Der Reis

Die Reisernte wird heute noch mit der _____ und ganz ohne Maschinen durchgeführt.

Auch der Reisanbau geschieht nur mit der Hand. Jede einzelne Reispflanze wird dazu in den _____ gesteckt.

Bei der _____ werden zuerst die Halme abgeschnitten. Dann werden sie auf dem Feld ausgebreitet. Ein Pflock wird in den Boden gestoßen und daran werden in einer Reihe _____ angehängt. Die treten die _____ aus den Ähren.

Eine andere Möglichkeit ist, dass Menschen die Ähren auf Holzgittern ausdreschen. Danach werden die Ähren und die Körner in die _____ geworfen.

So wird die _____ (das sind die Hüllen der Körner) von den Reiskörnern getrennt. Die leeren Ähren werden

_____,

zusammengebunden und weggebracht.

Die _____ werden auch eingesammelt.

> Ernte / Rinder / Luft / Körner / Hand
> Körner / Boden / eingesammelt / Spreu

Station 8 – Der Reis

Die Reisernte wird heute noch mit der _____ und ganz ohne _____ durchgeführt. Auch der _____ geschieht nur mit der Hand. Jede einzelne Reispflanze wird dazu in den _____ gesteckt.

Bei der _____ werden zuerst die Halme abgeschnitten. Dann werden sie auf dem Feld _____. Ein _____ wird in den Boden gestoßen und daran werden in einer Reihe _____ angehängt. Die treten die _____ aus den Ähren. Eine andere Möglichkeit ist, dass _____ die Ähren auf _____ ausdreschen. Danach werden die Ähren und die Körner in die _____ geworfen. So wird die _____ (das sind die Hüllen der Körner) von den Reiskörnern getrennt. Die leeren Ähren werden _____, zusammengebunden und weggebracht.

Die _____ werden auch eingesammelt.

Menschen / Ernte / Rinder / Luft / Reisanbau / Pflock / Körner / Holzgittern

Hand / Körner / Boden / ausgebreitet / Maschinen / eingesammelt / Spreu

Station 9 – Der Mais

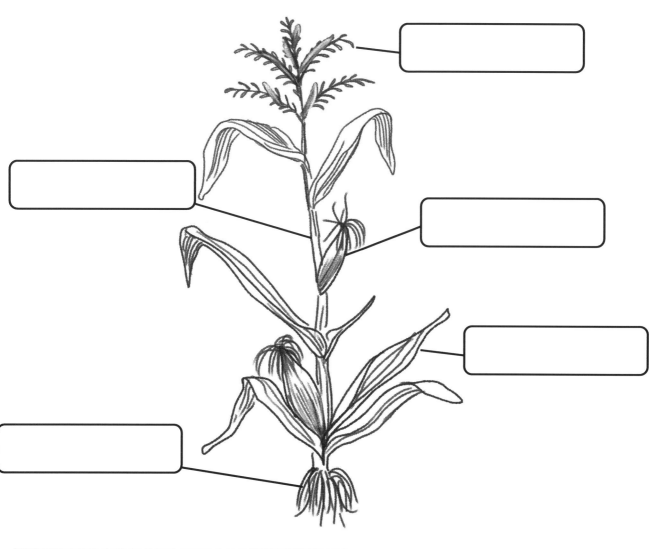

| Maiskolben | Wurzel | Blatt | Stängel | Blüte |

| Mais | Mais | ner | kol | corn |
| ke | Pop | Stär | ben | kör |

Station 10 – Wie der Mais nach Europa kam (1)

Christoph Kolumbus kam 1492 als erster Europäer nach Amerika. Zuerst landete er mit seinem Schiff auf Kuba und Haiti. Dort sandte er Späher aus, die das unbekannte Land erkunden sollten. Sie kehrten zurück und berichteten ihm von einer unbekannten Pflanze, die die Einheimischen anbauten. Diese nannten die Pflanze „Mais" oder „Mahiz" und für sie galt der Mais als heilige Pflanze. Als Kolumbus nach Spanien zurückkehrte, hatten sie Maiskörner mit an Bord und schon 1525 bauten die Spanier den Mais an.

Die unbekannte Pflanze war sehr anpassungsfähig. Sie wuchs schnell und man konnte viele Körner ernten. Das war für die armen Bauern ein großer Vorteil, denn sie mussten bis dahin häufig hungern. Der Mais verbreitete sich schnell im Süden Europas. Zuerst kam er nach Norditalien und auf den Balkan. Portugiesische Schiffe brachten ihn nach Indien, China und Japan. Auch nach Afrika gelangte der Mais.

Nach einiger Zeit hatte man vergessen, woher der Mais ursprünglich gekommen war. Daher bekam der Mais viele verschiedene Namen: „Türkisch Korn", „Türkischer Weizen" (so hieß er in Mitteleuropa), „Ägyptisches Korn" (so hieß er in der Türkei) und „Syrische Hirse" (so hieß er in Ägypten). In den Norden Europas kam der Mais erst Mitte des 20. Jahrhunderts, nachdem man Maissorten gezüchtet hatte, die auch bei kälteren Temperaturen wachsen.

Heute essen wir oft Mais, auch wenn wir es nicht merken. Cornflakes und Popcorn werden aus Mais hergestellt. Ein weiteres wichtiges Produkt ist die Maisstärke. Das ist ein weißes Pulver. Es wird für Soßen und Suppen verwendet, um sie dickflüssiger zu machen. Auch in Joghurt, Desserts und Speiseeis ist Maisstärke vorhanden. Sogar in Ketchup kann Maisstärke enthalten sein. Will man herausfinden, ob Maisstärke in einem Produkt enthalten ist, sollte man auf der Verpackung nach den Begriffen Glucosesirup, Maltose oder Fructose schauen. Damit werden Getränke und Süßigkeiten gesüßt.

Mais ist auch eine sehr wichtige Pflanze, aus der Biotreibstoff hergestellt wird. In den USA wird ungefähr ein Drittel der gesamten Maisernte zu Ökobenzin verarbeitet. Auch aus anderen Pflanzen wie Zuckerrüben, Weizen und Raps wird Biotreibstoff hergestellt. In Deutschland wird Mais hauptsächlich zur Erzeugung von Biogas und als Viehfutter (Silomais) angebaut.

Station 10 – Wie der Mais nach Europa kam (2)

	richtig	falsch
Kolumbus kam 1492 nach Amerika.		
Die ersten Inseln, die er entdeckte, waren Puerto Rico und Trinidad.		
Die Einheimischen nannten die Pflanze „Mais" oder „Mahiz".		
Mais wurde von den Spaniern als heilige Pflanze verehrt.		
Schon 1525 bauten die Spanier den Mais auf ihren Feldern an.		
Die spanischen Bauern mochten den Mais nicht.		
In der Türkei nannte man den Mais „Ägyptisches Korn".		
In den Norden Europas kam der Mais erst sehr spät.		
Cornflakes werden aus Mais hergestellt.		
Maisstärke macht Soßen und Suppen dünnflüssiger.		
Maisstärke ist ein weißes Pulver.		
Mit Maisstärke werden Getränke und Süßigkeiten gesüßt.		
Aus Mais wird Erdöl hergestellt.		
Mais wird zu Biotreibstoff verarbeitet.		
Auch aus Weizen, Raps und Zuckerrüben wird Biotreibstoff hergestellt.		

Station 11 – Pseudogetreide

Was ist Pseudogetreide?

Das sind Körner, die dem Getreide sehr ähnlich sind, aber kein echtes Getreide sind.

Quinoa Aussehen: _____ _____ _____ So fühlt es sich an: _____ _____ So schmeckt es: _____	So sieht es aus:
Buchweizen Aussehen: _____ _____ _____ So fühlt es sich an: _____ _____ So schmeckt es: _____	So sieht es aus:
Amarant Aussehen: _____ _____ _____ So fühlt es sich an: _____ _____ So schmeckt es: _____	So sieht es aus:

Station 14 – Wir basteln ein Getreide-Büchlein

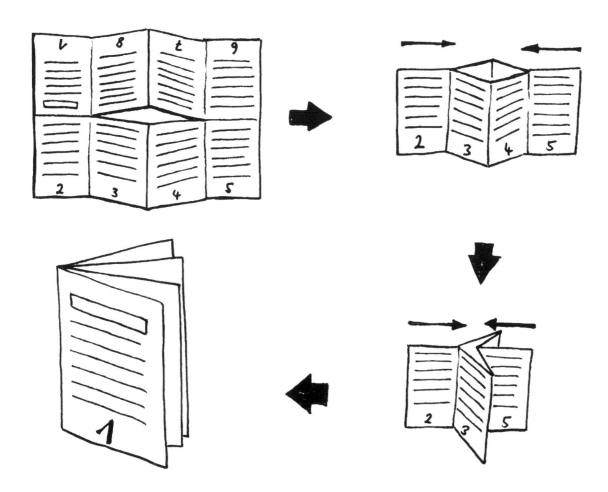

1. Lege das Blatt hochkant vor dich hin.
2. Falte es zur Hälfte von unten nach oben.
3. Falte es nochmal zur Hälfte von unten nach oben.
4. Falte es einmal von links nach rechts.
5. Falte es soweit auf, dass das Blatt einmal gefaltet vor dir liegt. Schneide von unten nach oben bis zur ersten Faltlinie.
6. Falte das Blatt wie in Schritt zwei, drei und vier beschrieben.

Das kannst du in dein Getreide-Büchlein schreiben:
- Auf die erste äußere Seite: *Getreide-Büchlein von …*
- Name des Getreides (zum Beispiel: ganz oben auf die Seite)
- Wofür wird es verwendet?
- Klebe ein Getreidekorn auf.

Station 15 – Finde Paare! (1)

Weizen		**Hafer**
	Gerste	
Mais		**Dinkel**
	Roggen	

Station 15 – Finde Paare! (2)

Dresch-flegel		**Pferde-anhänger**
	**Müller**	
Garben sammeln		**Getreide mähen**
	**Keimling**	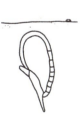

Station 17 – Getreide als Energielieferant (1)

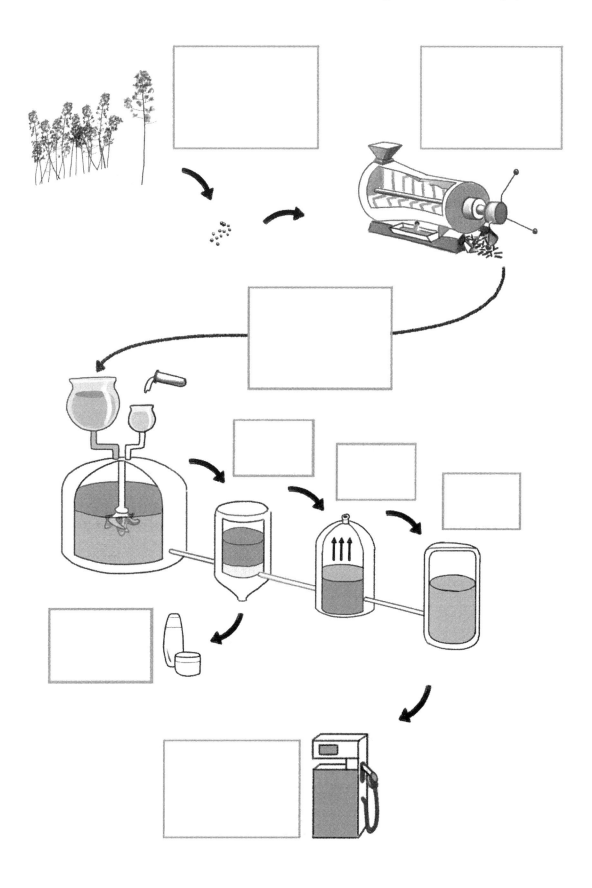

Station 17 – Getreide als Energielieferant (2)

In der Landwirtschaft wird die Erzeugung von Energie aus Getreide immer wichtiger. Dies kann in Form von Biogas sein oder von Biokraftstoffen (Benzin und Diesel). Für die Erzeugung von Biogas wird meist Mais verwendet. Biokraftstoffe kann man aus Weizen, Zuckerrüben oder Raps herstellen. Im folgenden Beispiel beschäftigen wir uns mit dem Raps.

Für die Herstellung von Biodiesel verwendet man **Raps**, da dieser einen sehr hohen Ölgehalt hat. Der reife Raps wird gedroschen.

Die Körner kommen in die **Ölmühle**. Darin werden die Rapskörner zermahlen und das Öl tritt aus. Raps hat einen Ölgehalt von ungefähr 40 Prozent.

Das Rapsöl kommt zusammen mit Methanol (= Alkohol) in einen **Rührkessel**. Nur mit Methanol kann das Rapsöl zu Biodiesel werden. In diesem Rührkessel wird das Gemisch für mehrere Stunden gerührt. Die Temperatur beträgt 50 bis 65 Grad.

Das Gemisch kühlt ab und kommt in einen **Absetztank**. Es teilt sich in zwei Schichten. Die leichtere Schicht schwimmt oben und ist der Roh-Biodiesel. Die schwerere Schicht schwimmt unten und besteht hauptsächlich aus Glycerin.

Das **Glycerin** wird in der Industrie verwendet, zum Beispiel zur Herstellung von Seifen und Cremes. Im **Wäscher** wird das überschüssige Methanol abgeschieden. Es kann erneut verwendet werden.

Im dritten Tank ist das **Lager** für den fertigen Biodiesel. Von dort wird der Biodiesel zur Tankstelle transportiert. Dort kann man sein Fahrzeug mit dem **Biodiesel** befüllen.

Die Umweltfreundlichkeit von Biokraftstoffen ist allerdings umstritten. Vor allem in den USA, Argentinien und Brasilien werden riesige Flächen mit Raps und Mais angebaut und die Flächen für den Anbau von Lebensmitteln werden immer knapper. Dadurch steigen die Preise der Lebensmittel stark an und die Versorgung der Bevölkerung wird immer schwieriger.

Station 18 – Hier brauchst du Geduld!

Nach zwei Wochen: _____ _____ _____ _____	
Nach vier Wochen: _____ _____ _____ _____	
Nach acht Wochen: _____ _____ _____ _____	
Ernte am: _____ **Wie viele Körner wurden geerntet?** _____	

Station 19 – Aufbau eines Getreidekorns

So sieht ein Getreidekorn **von außen** aus:

So sieht ein Getreidekorn **von innen** aus:

Station 20 – Vollkornmehl und weißes Mehl

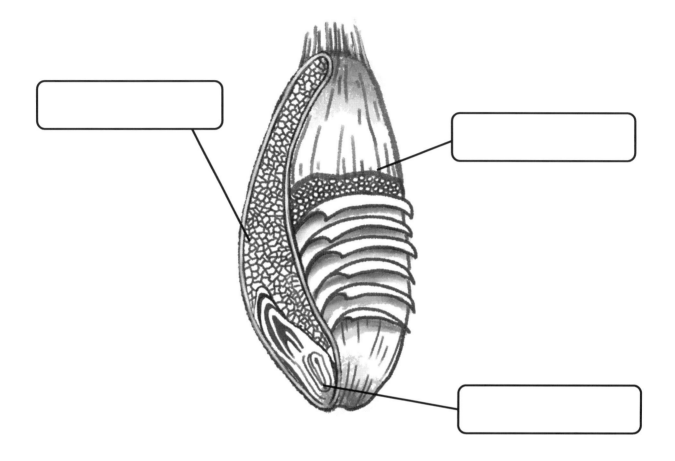

Die äußere Haut des Korns nennt man **Kleie**. Sie hat mehrere Schichten, die das Korn vor Schädlingen, Sonnenlicht, Wasser und Krankheiten schützt. Die Kleie ist sehr gesund. Sie enthält viele Ballaststoffe, Zink, Kupfer, Magnesium und Eisen. Ganz unten sieht man den kleinen **Keimling**. Das ist der Teil, der zu wachsen beginnt. Das Innere des Korns nennt man **Mehlkörper** oder Endosperm. Wenn die Pflanze zu wachsen beginnt, „ernährt" sie sich von diesem Teil des Korns. Der Mehlkörper enthält Stärke und Eiweiß.

Du siehst also, dass der gesündeste Teil des Korns die Kleie (also der äußere Teil) ist. Beim weißen Mehl ist dieser Teil nicht enthalten. Beim Vollkornmehl schon. Man sieht das sehr deutlich an der Farbe des Mehls, denn das Vollkornmehl sieht bräunlich aus.

Lösung Station 1 – Die häufigsten Getreidesorten

		Die Frucht von Mais heißt Maiskolben. Die Körner sind gelb und sind umgeben von grünen Blättern, die später braun und welk werden. An der Spitze des Maiskolbens finden sich „Haare".
		Hafer hat einen Stängel, an dem viele kleine Stängel mit einzelnen Körnern sind. Den oberen Teil der Pflanze mit den Körnern nennt man Haferrispe.
		Die Gerstenähre ist eher kurz mit langen Grannen.
		Weizen hat keine Haare und eine volle Ähre.
		Der Roggen hat eine lange, gebogene Ähre mit langen Grannen. Die Körner sind länglich.
		Dinkel hat eine lange, gebogene Ähre ohne Grannen.

Lösung Station 2 – Teile einer Getreidepflanze

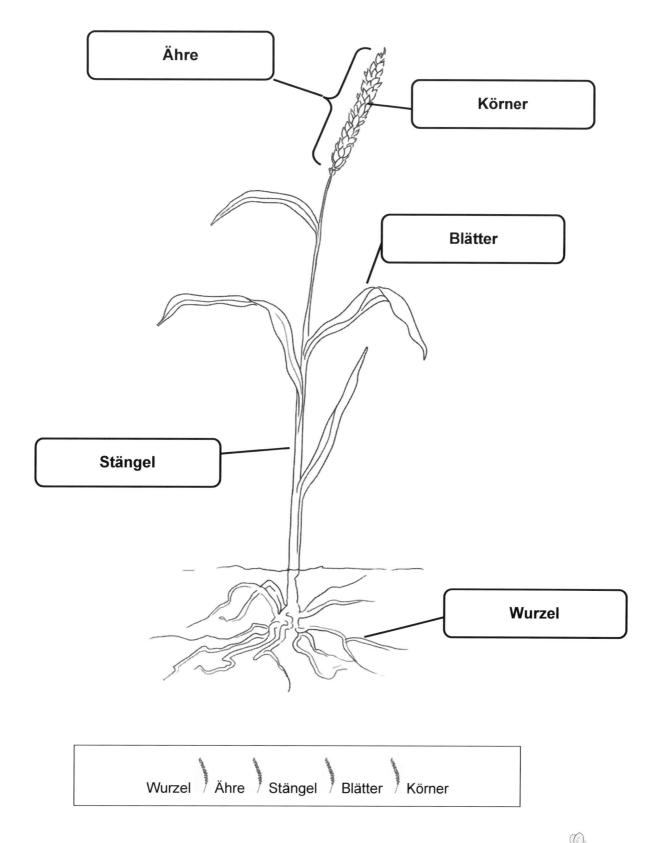

Lösung Station 3 – Wie lange baut man schon Getreide an?

Wie lange wird in Ägypten schon Getreide angebaut?

In Ägypten wird seit ungefähr 12.000 Jahren Getreide angebaut.

Vor wie vielen Jahren wurden die Menschen sesshaft?

Die Menschen wurden vor ungefähr 6.500 Jahren sesshaft.

Was bedeutet das?

Sie blieben an einem Ort.

Getreidepflanzen sind eigentlich **Wildgräser.**

Welche Sorten sind durch die Kultivierung entstanden?

Gerste, Hafer, Weizen, Reis

Wie wurde das Getreide zuerst gegessen?

Die Körner wurden eingeweicht und als Brei gegessen.

Was wurde später daraus gebacken?

Fladenbrot

Wie schmeckt Sauerteigbrot?

Locker und säuerlich

Wie wurde es entdeckt?

durch einen Zufall

Wo entstanden viele Bäckereien?

in Rom

Wie viele Tonnen Getreide konnten die Römer am Tag verarbeiten?

Die Römer konnten 30 Tonnen Getreide an einem Tag verarbeiten.

Wozu wurde Getreide lange Zeit genutzt?

Es wurde lange Zeit als Zahlungsmittel genutzt.

Wer wurde bis zum Jahr 1850 mit Getreide bezahlt?

Hirten, Schmiede und Fuhrleute.

Lösung Station 4 – So wächst eine Getreidepflanze

	Hier kannst du ein Getreidekorn sehen. Es gibt noch keinen Keimling außerhalb des Korns.
	Langsam beginnt das Korn zu keimen. Die Pflanze wächst in zwei Richtungen: nach oben und nach unten.
	Bald durchstößt der Keimling den Boden und kommt ans Licht. Unten kannst du schon kleine Wurzeln sehen. Sie werden die Pflanze mit den nötigen Nährstoffen versorgen.
	Hier kannst du schon eine richtige Getreidepflanze sehen. Die Blätter sind mittlerweile grün geworden und auch die Wurzeln sind fleißig gewachsen. Du siehst, dass sie eher in die Breite wachsen als in die Tiefe.
	Zuletzt kannst du eine ausgewachsene Getreidepflanze sehen. Es handelt sich hier um Weizen. Wenn du dir die Pflanze von unten nach oben ansiehst, hat sie folgende Teile: **Wurzel, Stängel, Blätter, Ähre und Körner**.

Lösung Station 5 – Verarbeitung: Vom Korn zum Brot

Nach der Ernte wird das Korn gereinigt und Fremdkörper wie Strohteile, Erde, Staub und Steine werden entfernt. In den Mühlen werden die Körner von großen Walzen zerkleinert und anschließend gesiebt. Hier sollst du nun das Mahlen von Mehl selber ausprobieren und verschiedene Mehlprodukte testen.

Welches Hilfsmittel funktioniert am besten zum Mahlen von Getreide?

der große Stein

Welches hat überhaupt nicht funktioniert?

das Glas

Welches Produkt fühlt sich für dich am besten an?

___

Vergleiche und unterstreiche! Was fühlt sich feiner an?

Grieß – **Vollkornmehl**

Mehl – Schrot

Schrot – Haferflocken

Grieß – Schrot

Vollkornmehl – Haferflocken

Mehl – Grieß

Welches Produkt hast du noch nie probiert?

___

Lösung Station 6 – Ernte früher (1)

Die Frauen (oft auch Kinder) hoben die Ähren auf und machten daraus Bündel, die Garben genannt werden. Die Garben wurden zum Trocknen aufgestellt.

Die Männer mähten mit der Sense die Getreidehalme mit den Ähren ab. Das war eine sehr harte Arbeit!

Wenn die Ähren trocken waren, wurden die Garben wieder gelöst. Die Männer droschen das Getreide mit Dreschflegeln aus den Ähren.

Die herausgefallenen Körner wurden zum Müller gebracht, der Mehl daraus mahlte. Die leeren Ähren wurden im Stall zum Einstreuen der Kühe verwendet.

Später wurden sie auf einen Pferdeanhänger geladen und zum Bauernhof gefahren. Dort wurden sie in Scheunen oft bis zum Winter gelagert.

Lösung Station 6 – Ernte früher (2)

In diesem Kreuzworträtsel geht es ebenfalls darum, wie man früher Getreide geerntet hat.

1. Hiermit wurden die getrockneten Ähren zum Bauernhof transportiert.
2. Wer mahlte aus den Getreidekörnern das Mehl?
3. Mit diesem Werkzeug schnitt der Bauer Halme mit den Ähren ab.
4. Wie nennt man die Getreidebündel, die zum Trocknen aufgestellt wurden?
5. Was verwendete man zum Dreschen des Getreides?

1. PFERDEANHÄNGER
2. MÜLLER
3. SENSE
4. GARBEN
5. DRESCHFLEGEL

Lösung Station 7 – Ernte heute

1. Womit wird heute das Getreide gedroschen?

Es wird mit einem Mähdrescher gedroschen

2. Was passiert mit den Körnern?

Sie werden als Tierfutter verwendet oder verkauft.

3. Was passiert mit dem Stroh?

a) Es wird zu Ballen gepresst.

b) Der Bauer fährt es heim und lagert es auf dem Heuboden.

4. Nenne drei Maschinen, die bei der Ernte unbedingt gebraucht werden:

Mähdrescher, Traktor, Erntewagen, Anhänger/Kipper, Ballenpresse

5. Wie heißen die leeren Ähren mit den Halmen?

Sie heißen Stroh.

6. Wo lagert der Bauer das Stroh häufig?

Er lagert das Stroh auf dem Heuboden.

7. Was kann passieren, wenn das Stroh nicht ganz trocken ist?

Es fängt zu schimmeln an.

8. Was muss mit den Körnern gemacht werden, wenn sie zu feucht sind?

Sie müssen getrocknet werden.

Lösung Station 8 – Der Reis

Die **Reisernte** wird heute noch mit der **Hand** und ganz ohne Maschinen durchgeführt.

Auch der Reisanbau geschieht nur mit der Hand. Jede einzelne Reispflanze wird dazu in den **Boden** gesteckt.

Bei der **Ernte** werden zuerst die Halme abgeschnitten. Dann werden sie auf dem Feld ausgebreitet. Ein Pflock wird in den Boden gestoßen und daran werden in einer Reihe **Rinder** angehängt. Die treten die **Körner** aus den Ähren.

Eine andere Möglichkeit ist, dass Menschen die Ähren auf Holzgittern ausdreschen. Danach werden die Ähren und die Körner in die **Luft** geworfen.

So wird die **Spreu** (das sind die Hüllen der Körner) von den Reiskörnern getrennt. Die leeren Ähren werden **eingesammelt,** zusammengebunden und weggebracht.

Die **Körner** werden auch eingesammelt.

Ernte / Rinder / Luft / Körner / Hand /
Körner / Boden eingesammelt / Spreu /

Lösung Station 8 – Der Reis

Die Reisernte wird heute noch mit der **Hand** und ganz ohne **Maschinen** durchgeführt. Auch der **Reisanbau** geschieht nur mit der Hand. Jede einzelne Reispflanze wird dazu in den **Boden** gesteckt.

Bei der **Ernte** werden zuerst die Halme abgeschnitten. Dann werden sie auf dem Feld **ausgebreitet**. Ein **Pflock** wird in den Boden gestoßen und daran werden in einer Reihe **Rinder** angehängt. Die treten die **Körner** aus den Ähren. Eine andere Möglichkeit ist, dass **Menschen** die Ähren auf **Holzgittern** ausdreschen. Danach werden die Ähren und die Körner in die **Luft** geworfen. So wird die **Spreu** (das sind die Hüllen der Körner) von den Reiskörnern getrennt. Die leeren Ähren werden **eingesammelt,** zusammengebunden und weggebracht.

Die **Körner** werden auch eingesammelt.

| Menschen | Ernte | Rinder | Luft | Reisanbau | Pflock | Körner | Holzgittern |
| Hand | Körner | Boden | ausgebreitet | Maschinen | eingesammelt | Spreu | |

Lösung Station 9 – Der Mais

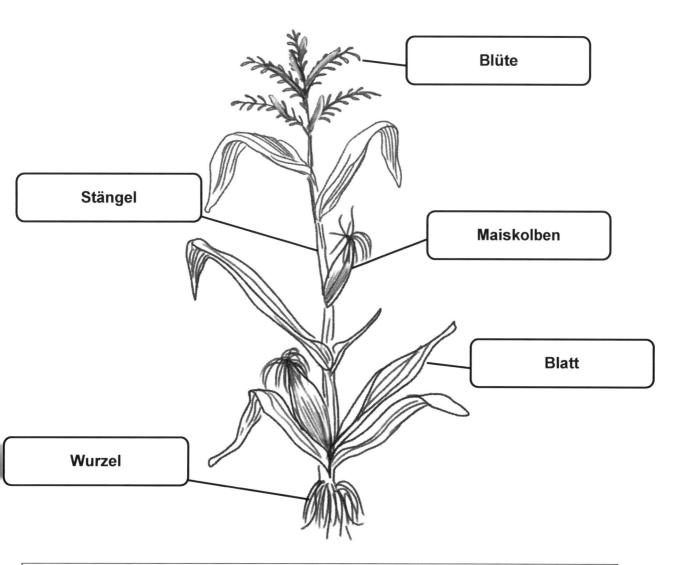

| Maiskolben | Wurzel | Blatt | Stängel | Blüte |

Mais	Mais	ner	Kol	corn
ke	Pop	Stär	ben	kör

Maiskörner	Maiskolben
Popcorn	Stärke

Lösung Station 10 – Wie der Mais nach Europa kam

	richtig	falsch
Kolumbus kam 1492 nach Amerika.	X	
Die ersten Inseln, die er entdeckte, waren Puerto Rico und Trinidad.		X
Die Einheimischen nannten die Pflanze „Mais" oder „Mahiz".	X	
Mais wurde von den Spaniern als heilige Pflanze verehrt.		X
Schon 1525 bauten die Spanier den Mais auf ihren Feldern an.	X	
Die spanischen Bauern mochten den Mais nicht.		X
In der Türkei nannte man den Mais „Ägyptisches Korn".	X	
In den Norden Europas kam der Mais erst sehr spät.	X	
Cornflakes werden aus Mais hergestellt.	X	
Maisstärke macht Soßen und Suppen dünnflüssiger.		X
Maisstärke ist ein weißes Pulver.	X	
Mit Maisstärke werden Getränke und Süßigkeiten gesüßt.	X	
Aus Mais wird Erdöl hergestellt.		X
Mais wird zu Biotreibstoff verarbeitet.	X	
Auch aus Weizen, Raps und Zuckerrüben wird Biotreibstoff hergestellt.	X	

Lösung Station 12 – Fühlrätsel

Reis	🟡
Weizen	🔴
Mais	🔵
Amarant	🟢
Hafer	🟣

Lösung Station 17 – Getreide als Energielieferant

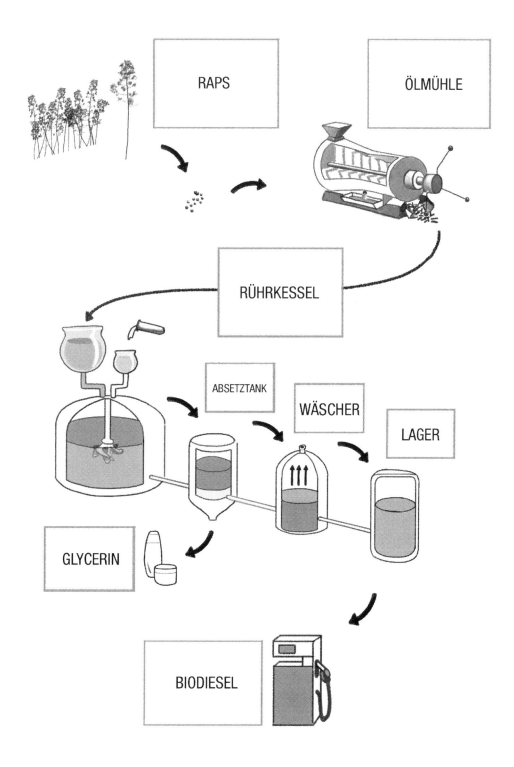

Lösung Station 20 – Vollkornmehl und weißes Mehl

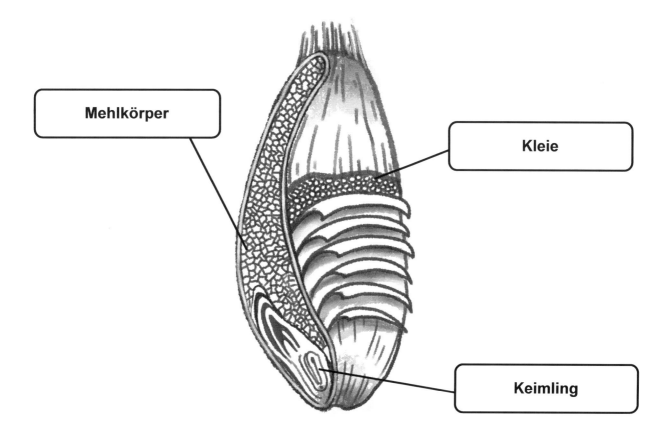

Die äußere Haut des Korns nennt man **Kleie**. Sie hat mehrere Schichten, die das Korn vor Schädlingen, Sonnenlicht, Wasser und Krankheiten schützt. Die Kleie ist sehr gesund. Sie enthält viele Ballaststoffe, Zink, Kupfer, Magnesium und Eisen. Ganz unten sieht man den kleinen **Keimling**. Das ist der Teil, der zu wachsen beginnt. Das Innere des Korns nennt man **Mehlkörper** oder Endosperm. Wenn die Pflanze zu wachsen beginnt, „ernährt" sie sich von diesem Teil des Korns. Der Mehlkörper enthält Stärke und Eiweiß.

Du siehst also, dass der gesündeste Teil des Korns die Kleie (also der äußere Teil) ist. Beim weißen Mehl ist dieser Teil nicht enthalten. Beim Vollkornmehl schon. Man sieht das sehr deutlich an der Farbe des Mehls, denn das Vollkornmehl sieht bräunlich aus.